„Ich gebe Ihnen eine kleine Lebensweisheit mit auf den Weg.“

Bruno Gröning (1906 - 1959)

BRUNO GRÖNING

Ich gebe Ihnen eine kleine Lebensweisheit

BAND 2

zusammengestellt
von
Thomas Eich

Grete Häusler GmbH

Rheindahlener Straße 78 · 41189 Mönchengladbach
Tel.: +49-(0) 21 66/95 99-0 · Fax: +49-(0) 21 66/95 99-59
E-Mail: Info@gh-verlag.de · Internet: gh-verlag.de

Internet: bruno-groening.de

1. Auflage 2005

Gesamtherstellung:
Offizin Andersen Nexö Leipzig, 04442 Zwenkau

ISBN 3-933344-49-2

Vorwort

Bruno Gröning, der einfache Zimmermann aus Danzig, wurde 1949 über Nacht ins Schlaglicht der Öffentlichkeit gezerrt, als unglaubliche Heilungen von ihm berichtet wurden. Die Medien stempelten ihn schnell zum „Wunderdoktor", während tiefer blickende Kreise in ihm einen geistigen Meister erkannten. Unzählige Heilungen geschahen und viele Menschen fanden zurück zum Glauben an Gott.

Nach der Zeit der Massenheilungen, die mit einem großen Rummel und mehreren Heilverboten für Gröning einherging, konzentrierte er sich in den fünfziger Jahren darauf, Glaubensvorträge zu halten. Er tat nichts, was in irgendeiner Weise einer Heiltätigkeit gleichkam, und dennoch geschahen auch weiterhin Heilungen. Er hielt lediglich

Vorträge, sprach zu den Menschen, vermittelte ihnen seine Lehre und klärte sie über die geistigen Zusammenhänge des Lebens auf. Er eröffnete ihnen, dass Gott der größte Arzt ist und dass der Mensch, wenn er wieder in die göttliche Ordnung zurückkehrt, auch sein Heil, seine Gesundheit zurückerlangen kann.

Viele Vorträge aus dieser Zeit wurden auf Tonband aufgenommen und geben einen guten Einblick in die Lehre Bruno Grönings. Aus diesen Vorträgen, mitstenografierten Reden sowie schriftlichen Aufsätzen stammen die Zitate dieses zweiten Büchleins unserer dreiteiligen Reihe mit Lebensweisheiten von Bruno Gröning. Möge jeder Leser in ihnen das finden, was er für sich und sein weiteres Leben nötig hat.

Thomas Eich

Zum Geleit

Mein Erscheinen und meine Worte verhelfen häufig Menschen zur Gesundheit – gleich, ob sie arm oder reich, jung oder alt sind. Dennoch, für alle diese Fälle gilt: Nicht ich heile, sondern Es heilt! Dieses Es heißt das Gute, es heißt Gott. Es bedeutet, das Leben zu bejahen und die Ordnung, die darin herrscht. Wer diese Ordnung aufgibt und damit den Glauben an Gott und sich selbst, der wird krank. Je mehr er sich seiner Krankheit hingibt, desto kraftvoller wird ihre Herrschaft über ihn. Der Mensch verstrickt sich in seine eigenen Gedanken. Aus dieser gefährlichen Verstrickung will ich ihn lösen. Mein Wort weckt seinen Glauben, den Glauben an Gott und sich selbst. Damit wird ihm die Kraft gegeben, sich aus der Verstrickung der belastenden Gedanken freizumachen. Das ebnet den Weg zur Ordnung und – zur Gesundheit. Wer gesund wird, hat also den Glauben wiedergewonnen.

Bruno Gröning

Was ich hier vorzubringen habe, geht bestimmt jeden einzelnen Menschen an, ganz gleich, welcher Nation oder Konfession er angehört, ganz gleich, ob er arm ist oder reich, mir ist jeder Mensch gleich, auch die Hautfarbe spielt hierbei keine Rolle und noch viel weniger die Muttersprache.

Ich bin nun mal ein Deutscher und befinde mich heute noch auf deutschem Boden. Ich fühle mich verpflichtet, erst mal hier zu helfen, wo ich stehe. Aber alle Menschen, die auf dieser großen, göttlichen Erde leben, haben eine Berechtigung, genau dasselbe zu verlangen, was auch Sie haben. Jedem soll das Große und Gute, das Reichste, was es überhaupt gibt, zuteil werden. Nicht Reichtum an Geld, sondern Reichtum an Gesundheit.

Ich frage keinen Menschen nach Religion und Nation. Alle sind sie Menschen, alle Kinder Gottes.

Jetzt bitte ich Sie, die Zeit von sich aus nicht zu bestimmen, dass eine Heilung so schnell wie nur irgend möglich geht, sondern all die Dinge über sich ergehen zu lassen.

Folgen kann nur der, der sich von all dem Irdischen löst, sich nicht an das Irdische klammert, sondern der sich an den klammert und zu dem hingezogen fühlt, zu dem er gehört. Nur dieser kann Gott folgen.

Sie müssen so weit sein, dass Sie sich frei machen von Ihren Sünden, frei von Ihrer Schlechtigkeit, um die Gesundheit aufnehmen zu können.

Ich gebe Ihnen zu wissen, dass die Gesundheit etwas Großes, etwas Gutes, dass sie das rein Göttliche ist.

Nehmen Sie das als ein Geschenk Gottes hin. Das ist das Schönste, das Beste, was ich Ihnen als ein Vermittler Gottes mit auf den Weg für Ihr weiteres Leben geben kann. Der größte Reichtum, den ein Mensch besitzen kann, ist und bleibt die Gesundheit!

Wenn Menschen es wagen und glauben, sich mit ihrem Geld alles leisten zu können – sie können sonst alles kaufen, was von Menschenhand geschaffen, werden sich aber nie das erwerben können, was von Gottes Hand kommt. Die Gesundheit kann man nicht kaufen. Das ist das, was ich von vornherein ablehne!

Ich habe keinen Pfennig Geld und freue mich, bin stolz darauf, ein armer Mensch zu sein, arm an Geld und Besitztum, aber reich, steinreich an Kraft, um Menschen zu helfen und sie heilen zu können. Ich glaube doch, ich bin den richtigen Weg gegangen, das ist mehr wert als dieses tote Stückchen Papier oder vielleicht Gold oder sonst etwas. Nein, daran ist mir nicht gelegen, das brauche ich nicht!

Der Glaube an Gott, die Verbindung zum Herrgott, das ist die Heilwelle, die Sie empfangen haben, die über oder durch meinen Körper geht. Ich bin nur ein kleiner Vermittler, mehr nicht, ein winziger Transformator. Von mir können Sie den Strom haben, und es liegt ganz an Ihnen selbst, wie Sie diesen empfangen.

Wenn einer fragt, ob ich geheilt habe, dann sage ich nach wie vor: ich nie. Das habe ich noch nie getan, ich habe nur den Heilstrom richtig verteilt. Wo ich wusste, dass es für den Körper in Ordnung war, dass er aufnahmefähig war, da erhielt er den Strom. Von Heilen keine Spur! Ich nie!

Wem die Hilfe zuteil geworden ist, der soll dem Herrgott dafür danken, nicht dem kleinen Gröning. Ich bin nichts, unser Herrgott ist alles!

Wir sind Gott zu großem Dank verpflichtet und sollten uns zur Tat bewegen, indem wir das tun, was wir uns selbst und unseren Nächsten schuldig sind.

Ich sage nach wie vor: Liebet euren Nächsten mehr als euch selbst! Wir Menschen dürfen nie vergessen, dass wir Kinder Gottes sind, wir müssen helfen, wo wir nur helfen können!

Mein Wunsch ist es von jeher gewesen, nicht nur einem Menschen zu helfen, sondern allen Menschen, die auf dieser großen, göttlichen Erde leben, soweit sie es verdient haben, dass ihnen geholfen wird.

Mein Auftrag, mein Ziel geht darauf hinaus, Menschen zu helfen, Menschen zu heilen.

Ich werde da nicht einen Millimeter zurücktreten, Menschen zu helfen. Mein Weg geht weiter, komme, was da wolle! Der Herr sei bei mir!

Wenn hier und dort mal ein Mensch aufgetaucht ist, der nicht nur Gutes zu tun gedachte, sondern dieses auch ausführte, so hat man nichts unversucht gelassen, diesen Menschen zu beseitigen. Bei mir sieht es nicht anders aus.

Ich will nicht von meinem Kampf sprechen. Nein, es ist kein Kampf, es ist eine Selbstverständlichkeit, dass ich mich durchsetzen muss, um Ihnen allen, die Sie schon jahrelang auf Heilung warteten, die Heilung von unserem Herrgott und durch unseren Herrgott zu übermitteln. Ich habe, kurz gesagt, keine ruhige Stunde gehabt, und ich verzichte auch für mein weiteres Leben darauf. Ich bin nun eben einmal dazu da und fühle mich verpflichtet, mein ganzes Leben für Ihre Gesundheit einzusetzen.

Es war schwer, es sind schwere Jahre. Ich habe keinen rosigen, sondern ich habe nur einen Weg zu gehen: einen dornigen Weg. Und dieser Weg ist derart verschüttet, derart versperrt, den muss ich freimachen, den mache ich frei, und wenn ich ihn freigemacht, dann wird er immer wieder aufs Neue versperrt.

Ich bin für meine Güte verfolgt worden, man hat nichts unversucht gelassen, man wollte mich einsperren, obwohl ich nur Menschen geholfen, nur Gutes getan habe.

Ich bin immer gehindert worden, indem ich immer wieder eins vor Augen sehe: Verbot, Verbot und nochmals Verbot! Hier geht es nicht um das eigene Leben, sondern darum, den kranken Menschen zu helfen. Und davon gehe ich nicht ab, komme, was da wolle! Ich kann nicht vorübergehen, wenn ich Menschen sehe, die so krank daliegen und keine Hilfe haben können.

Allen meinen Freunden versichere ich, dass ich weiterhin helfen werde, sooft man mich ruft und benötigt. Trotz aller großen Widerstände und Hindernisse werde ich Sie niemals im Stich lassen.

Alle Menschen müssen sterben, ich auch. Den Körper wird man in die Erde legen, aber ich werde nicht tot sein. Wer mich rufen wird, für den werde ich da sein, und ich helfe weiter. Aber dann wird jeder aus sich die Hilfe und Heilung erleben.

Meine Antwort an all meine Gegner, die mich hassen müssen: Was meine Gegner tun mussten, haben sie restlos getan und sind damit am Ende. Ebenso habe ich getan, was ich tun musste, dieses aber ist erst der Anfang.

Alles wahrhaft Große auf Erden wächst aus etwas Geringem empor.

Es sind immer nur einige wenige, die wirklich dazu berufen sind. Wirklich nur einige wenige, die so viel Güte in sich aufnehmen, um für all ihre Nächsten, die ebenfalls zu uns gehören, so viel gute, gütige Kraft aufzunehmen, wie der Nächste sie wirklich nötig hat. Das ist eine der schönsten Aufgaben, eine schönere Aufgabe gibt es nicht!

Man hat mir die Frage gestellt, ob ich die Kraft übertragen kann. Ich sage: Nein, das geht nicht! Ich bin aber in der Lage, Menschen, die gewillt sind, die bereit sind, Menschen zu helfen, in meinem Auftrag Heilungen vornehmen zu lassen.

Eine endgültige Vollmacht, in meinem Namen sprechen zu können, erteile ich nur dem, der in der Lage ist, selbstlos und gewissenhaft mir zur Seite zu stehen.

Nur der kann tatsächlich mir hierin behilflich sein, der sich voll und ganz in den Dienst Gottes stellt, der auf Gott hört, nicht auf Menschen, und der dem Wort Gottes folgt und der wirklich das tut, was er zu tun hat.

Der Mensch soll von sich aus Gutes tun an seinen Mitmenschen und sich nicht als Herr aufspielen. Das ist falsch, denn letzten Endes sind wir nur Menschen, und wenn der eine und der andere mehr hat, dann soll er sich freuen, aber deswegen seinen Mitmenschen nicht knechten.

Der Mensch denkt an sein Geschäft, um sein Leben zu erhalten. Das Schmutzige daran ist nur, dass er zu weit greift. Nicht auf dem Geldsack sitzen und die Mitmenschen verkommen lassen, das darf nicht sein, das ist sündhaft, und das kann der Mensch vor dem Herrgott nicht verantworten.

Es stört mich nicht, wenn Menschen etwas besitzen, im Gegenteil, ich freue mich mit den Menschen, die etwas besitzen, aber sie dürfen nie vergessen, dass sie auch nur Menschen sind.

Der Mensch braucht das Geld, sonst müsste er einen Warenaustausch machen, wie es früher war, als es noch kein Geld gab, und das kann er nicht. Folglich besteht das Geld schon zu Recht. Aber dass es den Menschen so verlockt und so verführt, das ist nicht richtig.

Der Mensch ist nun eben mal zu verlocken, weil er das Schöne liebt, das Natürliche nicht. Er liebt das Schöne, das Äußere, er lässt sich leicht verlocken.

Dazu hat Gott Sie nicht bestimmt, dass Sie so einem „Gott", so einem Menschen, der sich Gott nennt, so einem Menschen, der seine Mitmenschen erniedrigt, der sie unterdrückt, dienen. Nein, so hat Gott das Leben hier nicht gewollt!

Nur nicht von Menschen abhängig sein, nur von Einem, wie es auch in Wirklichkeit ist: Wir alle sind von Gott abhängig. Ohne Gott gibt es kein Leben! Denn Gott ist das Leben selbst!

Unser wirklicher Gastgeber ist Gott auf dieser Erde, und das ist Seine Erde, und das ist Sein Recht. Und wir haben uns nach unserem Gastgeber zu richten.

Gott will weiter nichts, als dass wir uns wohl, dass wir uns wirklich gesund fühlen auf dieser Seiner Erde.

Die Gesundheit ist und bleibt das Wertvollste, das Wertvollste aller Menschen. Wenn er diese besitzt, ist er der reichste Mensch, dann kann er stolz und froh sein und sich auf dieser großen, göttlichen Erde wohl fühlen und von all dem genießen, was der Herrgott für uns Menschen geschaffen.

Glauben Sie doch, dass Sie nicht alleine sind, glauben Sie doch, dass Sie ein göttliches Geschöpf, glauben Sie doch, dass Sie ein Kind Gottes sind! Glauben Sie doch, dass Gott Ihnen alles gibt, was Er für Sie, was Er für jedes Lebewesen bestimmt hat! Natürlich muss jedes Lebewesen das aufnehmen!

Überall, wo Leben ist, da ist Gott. Wo viel Leben ist, da ist Gott erst recht, da wirkt es; wo wenig ist, da kann es nicht wirken, da hat es keine Durchschlagskraft. Und daher ist es wichtig, dass Sie viel Leben, viel Lebensstrom, den Gott für uns bestimmt, den Gott jedem sendet, aufnehmen. Nur muss er, der Mensch selbst, ihn aufnehmen und kann ihn auch aufnehmen über seinen Körper.

Sie müssen mit so viel guter Kraft ausgestattet sein, dass das Böse in Ihnen, in Ihrem Körper keinen Platz mehr findet und dass Sie immer wieder aufs Neue das Böse abstoßen können, so Sie einmal doch vom Bösen angegangen worden sind, in Zukunft auch angegangen werden.

Machen Sie sich jetzt frei von all dem Schlechten und nehmen Sie das Gute auf, das hier die Heilwelle ist, nicht die menschliche, sondern die göttliche. Machen Sie sich frei von all dem Schlechten und fühlen Sie, was in und an Ihrem Körper vorgeht.

Müssten Sie nicht Ihrem Körper noch viel, viel mehr oder überhaupt nur Beachtung schenken, weil Ihnen dieser Ihr Körper doch das Wertvollste ist? Müssten Sie nicht wirklich alles dazutun, sich diesen einen Körper zu erhalten? Denn Sie haben ihn doch dauernd bei sich! In allem gesehen, was Sie tun und lassen, werden Sie nicht dabei erinnert an das göttliche Geschenk?

Sie sollen Ihrem Körper Beachtung schenken, da er ja ein göttliches Geschenk ist. Und diesem hatten Sie im Leben kaum mehr Beachtung geschenkt. Nur wenn der Körper von dem Übel erfasst worden war, dann, ja dann haben Sie alles Mögliche versucht und haben sich dann nicht mehr auf sich selbst verlassen können, sondern auf Ihren Nächsten, indem Sie da glaubten, er wird es schon tun, auch wenn er versucht, Ihnen zu helfen. Und dieser Versuch ist Ihnen doch in allen Fällen immer zum Übel geworden.

Zwei Herren können Sie nicht dienen. Nicht auf der einen Seite dem Bösen und auf der anderen Seite Gott! Und dazwischen sind Sie ein Heuchler, ein Lügner, ein Betrüger – Sie sind nicht einmal ehrlich zu sich selbst. Dieses alles müssen Sie ablegen. All das, was Sie bisher in diesem Erdenleben als böse empfunden haben, müssen Sie ganz beiseite stellen. Sie müssen dem Bösen den Rücken kehren. Sie müssen den anderen Weg gehen. Und daher rufe ich Sie auf zu großen Umkehr!

Sie alle sollen wieder zu dem wahren, göttlichen Glauben zurückgeführt werden, Sie sollen den wahren, göttlichen Weg wieder gehen, damit Sie die Verbindung wieder erhalten und behalten.

Ich hole den Menschen nur aus der Hölle heraus und entführe ihn in das Göttliche, in das Paradies. Nur muss er das zu nutzen wissen.

Der Satan hat seinerzeit, als er begann, diese Wühl- und Ketzarbeit aufzunehmen, den Menschen zu verlocken, den Menschen auf den Irrweg zu bringen, die Brücke gesprengt, die zum göttlichen Weg führte. Folglich war es dem Menschen nicht mehr möglich, auf diesen wahren, göttlichen Weg zu kommen. Die Brücke war nicht mehr da. Es war nur alles ein künstliches Halten. Und jetzt kann ich Ihnen ganz kurz sagen, dass die Brücke wiederhergestellt ist.

Ich will für die Menschen nur ein Wegweiser sein. Ein kleiner Brückenbauer bin ich gewesen, und jetzt bin ich der Wegweiser, indem ich den Menschen den richtigen Weg zeige, den Weg zum Herrgott.

Man hat in der ganzen Welt aufgehorcht: Es gibt einen Menschen, der Wunder wirkt! Man nannte ihn erst den Wunderdoktor. „Dieser Mensch kann etwas, er hat schon viel bewiesen. Hin, nur hin!“ Ja, und wie stellte sich das der Mensch überhaupt vor? Er glaubte, er stünde tatsächlich vor einem Doktor, der ihn wieder zusammendoktert. Nein, so sieht es nicht aus. Diese Vorstellung ist falsch gewesen. Ich will ja weiter nichts, als mit dieser göttlichen Kraft dem Menschen das wiedergeben, was er verloren hat. Ich will den Menschen wieder dahin bringen, wo er sich einst befunden hat, auf den göttlichen Weg.

Ich bin nur ein kleines, winziges Werkzeug Gottes! Aber ich will dem Menschen mit Rat und Tat zur Seite stehen und ihm den guten Weg zeigen. Und so brauchen auch Sie mich nur zu rufen, und ich bin sofort da – bitte nicht die Vorstellung bekommen, ich wäre persönlich da – nein – im Geiste. Wenn Sie irgendwann mal Schmerzen haben, so rufen Sie mich, und es geschieht, was geschehen soll!

Ich glaube, mit Bestimmtheit sagen zu können, dass Sie all Ihre Sorgen, all Ihr Leiden mir übergeben. Ja, Sorge auch! Wie ich damit fertig werde, ist meine Sache! Ich habe schon so viel aufgenommen und kann noch mehr dazunehmen. Und das ist erst der Anfang; es sind ja so wenige Menschen, die zählen eigentlich noch gar nicht, bei den Unzähligen, wie sie hier auf der kleinen, göttlichen Erde sind.

Der Herrgott hat uns Menschen hier gelassen, Er hat uns das Paradies geschaffen und sagt: Hier – hegt und pflegt es! Aber wenn der Mensch glaubt, sich selbständig machen zu können, ist es ein Fehler, den er so leicht von sich aus nicht mehr gutmachen kann. Er hat sich von dem wahren Göttlichen gelöst, ist von ihm ganz abgekommen. Und jetzt gebe ich Ihnen die Verbindung – das ist die einzige Chance, die ich allen Menschen nur geben kann.

Alles das, was durch Menschenhand künstlich geschaffen, gibt es auch natürlich, besser und leichter als so.

Das Künstliche vergeht, das Natürliche nie!

Was wissen Sie überhaupt von dem Göttlichen? Der Mensch erkennt erst dann, wie schön die Natur, das Göttliche, ist, wenn er monatelang im Krankenbett liegen musste oder wenn er in einer Stadt leben musste oder von Arbeit und Sorge und Elend überschüttet war und dann das Glück hat, in Gottes freier Natur zu sein, dann findet er es erst herrlich. Herrlich, das ist die Natur, das ist Gott!

Gottvater sorgt für unser tägliches Leben.

Wer Gott verlässt, der ist verlassen. Wer Gott erhält, erhält sich selbst. Wo die Verbindung zu Gott nicht hält, der fällt.

Genauso wie ein Haus, das jeder Witterung ausgesetzt ist, auch immer wieder aufgefrischt werden muss, um es zu erhalten. Die Kleidung genauso, die Wäsche, alles, was der Mensch sich auf dieser Erde geschaffen – er erneuert es, er erfrischt es, er versucht, es immer wieder neu, sauber zu erhalten. Aber an sich selbst, an seinen eigenen Körper, an sein Inneres hat er noch nicht gedacht.

Der Mensch hat auf dieser Erde viel geschafft, nur an sich selbst hat er nicht gedacht. Das Äußere rein und sauber zur Ansicht, nur den Körper von außen, aber nicht von innen zu bereinigen. Dazu ist er noch nicht gekommen. Den Geist, den der Mensch hat, seinen Geist und sich von allem, was er sieht und hört, was schlecht ist, freizumachen, daran hat er noch nicht gedacht.

Die Krankheit muss erst abgeladen werden, um für die Gesundheit Platz zu machen. Werfen Sie das Satanische ab und nehmen Sie, wenn Sie gut, glücklich und zufrieden leben wollen, das Göttliche an!

Besser ist ja, wenn der Mensch sich von vornherein gleich sauber hält. Ich sage nach wie vor: Wie sich jeder bettet, so schläft er. Das Äußere macht es nicht, das Innere ist es.

Was ist der Mensch? Ein göttliches Geschöpf. Der Mensch besteht aus Geist, Seele und Körper. Ein Mensch ist er deshalb, weil Gott ihm einen erdgebundenen Körper verliehen hat. Alles, was Gott geschaffen hat, ist göttlich.

Wir Menschen sind alle ohne unseren Herrgott gar nichts, wir sind überhaupt nichts. Wir können uns unseren Herrgott nicht wegdenken. Wir alle sind und bleiben Kinder Gottes. Der einzige Vater, den wir haben, ist und bleibt unser Herrgott.

Der Arzt aller Menschen ist und bleibt unser Herrgott. Wer mit Ihm lebt, der hat alles. Er wird reich werden, reich an Gesundheit, und das ist wohl das größte Glück, das einem Menschen von unserem Herrgott gegeben werden kann.

Gott gab und gibt einen gesunden Körper. Nur was die Menschen damit machen, was sie denken und was sie wollen, schafft die Unordnung und liefert sie dem Satan aus.

So wahr wie es ist, dass es einen Herrgott gibt, so gibt es auch einen Satan. Und dieser Satan hat seine Extraaufgabe und lässt tatsächlich nichts unversucht, weil er ein Schlechter ist und sich rächen will an dem, was der Herrgott Gutes zu tun gedachte.

Soweit der Mensch ins Satanische übergegangen ist, hat er nichts unversucht gelassen, auch das Natürliche, das Göttliche zu zerstören. Dazu befindet sich der Mensch auf dem besten Wege. Er ist so weit gegangen mit seiner Kunst, mit seinem Wissen und Können, dass er tatsächlich in der Lage wäre, all das Natürliche zu vernichten. Alle Lebewesen dieser Erde, die Menschen, Tiere und das pflanzliche Leben, sie können vernichtet werden. Womit? Ein Wörtchen: Atom! Da ist die Kunst zu Ende! Der Mensch hat es so weit gebracht, dass er nicht mehr anders kann. Der Satan hat sein Werk vollbracht!

Der Mensch ist so weit, er steht vor dem Abgrund. Und ich rufe den Menschen zurück, zurück auf den Weg, auf dem er sich einst befunden.

Zu dem Willen gehört auch die Kraft. Es gibt zwei Quellen: die böse ist die abbauende, die gute die aufbauende. Zu welcher Seite Sie jetzt den Anschluss haben, darauf kommt es an.

Diesen Willen hat Gott Ihnen belassen – einen freien Willen –, Sie können selbst entscheiden. Aber haben Sie jetzt den Willen! So dieser Ihr Wille gleich gut abgestimmt ist mit dem göttlichen, mit dem Willen Gottes, dann sind Sie schon auf dem richtigen Weg.

Um das aufzunehmen, was der Herrgott Ihnen mit auf den Weg geben will, müssen Sie rein dastehen, muss Ihr Körper, muss Ihr Herz, muss all das, was Sie an und in Ihrem Körper besitzen, rein sein.

Der Mensch muss rein sein. Er muss wissen, dass er sich verpflichtet und verbunden fühlt, mit dem Herrgott zu leben. Dann ist er rein.

Ich weiß nicht viel, ich weiß weiter nichts als nur das, was Menschen heute nicht mehr wissen. Gerade deshalb sehe ich es als meine Pflicht an, jeden Menschen dahingehend zu belehren, zu wem er gehört, was für ein Geschöpf er ist und wie er die Schöpferkraft in sich aufnehmen kann, um auch Herr seines Körpers zu werden.

Gott ist das Leben, die Liebe ist Gott.

Strebe nach dem Leben – Gott; Gott in uns!

Spiele nicht mit dem Leben, sondern im Leben. Das Leben ist kein Spiel, das Spiel ist im Leben. Lebe das geregelte Leben, das heißt, richte dich nach den Regeln des Lebens. Richtiges Lebensspiel hat seine Regeln.

Das gute Spiel beginnt mit guten Gedanken, dagegen beginnt das böse Spiel mit bösen Gedanken. Man könnte das Erdenleben als eine Spielschule bezeichnen. Um richtig spielen zu können, musst du die Spielregeln beherrschen. Im Spiel liegt das Gute (Göttliche). Solange du nach der Spielregel spielst, ist es ein wirkliches Spiel. Bringst du aber auch nur einen bösen Gedanken hinein, so ist es kein Spiel mehr, bei auch nur einem bösen Gedanken hört schon das Spiel auf.

Deine Gedanken gestalten dir das Leben, wie du es lebst.

Der Mensch wird durch sich selber aufgebaut oder zerstört. Im Waffensaal des Denkens schmiedet er die Waffen, mit denen er sich seinen eigenen Untergang bereitet. In gleicher Weise bildet er die Werkzeuge, mit denen er sich himmlische Wohnungen der Freude, der Kraft und des Friedens erbauen kann. Mit Gottes Macht ist wohl gedacht.

Hüten Sie sich vor jedem bösen Gedanken. Lehnen Sie ihn ab und sprechen Sie meinetwegen vor sich hin: „Ich will mit diesem bösen Gedanken nichts zu tun haben, ich will jetzt einen guten Gedanken!“ Dann lenken Sie sich selbst ab, schauen zum Fenster, schauen Sie dahin, wo das Gute, das wirklich Göttliche sich zeigt. Sie würden sagen, Sie schauen so mal in die Natur hinein. So Sie die Natur genau betrachten, werden Sie empfinden, und Sie werden bald wahrnehmen, dass diese bösen Gedanken Sie verlassen haben. Mit diesem Schauen haben Sie schon die Verbindung zu Gott aufgenommen.

Lass dich nicht durch das Böse überwinden, sondern überwinde das Böse mit Gutem!

Das Böse lässt nichts fehlen und setzt alles daran, um immer wieder Menschen daran zu hindern, dass sie ja nicht den guten Weg einschlagen, und erst recht, dass sie diese Hinderungen wahrnehmen und dass sie dann den Gedanken gar nicht mehr dazu aufnehmen, diesen Weg noch weiter zu gehen.

Das Böse wird vom Guten angezogen. Dagegen das Gute vom Bösen. Das heißt: Ein Böswilliger sucht das Gute, um es als Erstes zu vernichten. Hier gewinnt der Stärkere! Umgekehrt sucht der Gutwillige, das Böse zu beseitigen. Der Böswillige braucht das Gute, er verfällt sogar einer Sucht: Als Erstes wird er das Gute zu vernichten suchen, ist aber das Gute in einem stärkeren Maße vorhanden, ist das Böswillige bezwungen.

Das ist meine Hauptsorge überhaupt: dass ich mich um die Seele, die das rein Göttliche in dem Menschen wie in jedem Lebewesen ist, kümmere und sorge, dass die Seele frei wird, dass sie nicht mehr belastet wird von dem vielen Bösen und dass sie sich selbst wieder öffnet und dass der Mensch und jedes Lebewesen die wahre göttliche Sendung empfangen kann.

Der Mensch muss all das Schlechte von sich räumen, von sich jagen, nichts unversucht lassen, ein guter Mensch zu sein.

Nicht ärgern, wenn Ihnen Menschen einen Schaden zufügen. Die Hauptsache ist, Sie bleiben leben, Sie bleiben gesund. Sie können sonst alles verlieren. Das hat man ja im letzten Krieg gesehen, dass Menschen ihr Hab und Gut verloren haben und trotzdem heute noch lebensfroh sind.

So Sie Ihrem Nächsten böse sind, tragen Sie das Böse schon hier hinein. Darum bin ich keinem böse. Warum sind Sie ihm böse? Niemandem böse sein, Freunde! Böse sein heißt, dass Sie das Böse aufgenommen haben. Das ist schon teuflisch. Davon lassen Sie in Zukunft ab!

Es muss schon immer so kommen, dass der Mensch tatsächlich auch das Gute vom Bösen unterscheiden kann. Und wenn alles gleich wäre, dass es nur dauernd gut ginge, es wäre nicht gut! Und es ist richtig, dass es Menschen gibt, die satanisch sind, sonst würden die Guten ja nichts von den Bösen merken. Nein, das muss schon so sein.

Die helfende Hand reicht nach überall. Ich betone noch einmal, dass Gott hier keine Grenzen gesetzt sind.

Der Mensch muss, um das wahre Göttliche zu erhalten, seelisch darauf vorbereitet sein.

Sie können nichts empfangen, wenn ich Ihnen etwas in die Hand legen will, und Sie haben die Hand voll, und das, was Sie drin haben, ist schlecht. Wenn Sie das nicht abgeben, kann ich Ihnen das Gute nicht geben, dann fällt es auf den Boden, und Sie haben es nicht erhalten. Es nützt auch nichts, wenn ich Ihnen dieses Geschenk, das zu erhalten Sie gekommen sind, die Gesundheit, vermitteln will, und Sie haben das Alte, das Schlechte, die Krankheit nicht abgelegt. Sie sollen rein werden, Sie sollen gut werden!

Wenn ein Mensch an sein Leiden denkt, wenn ein Mensch an seine Schmerzen denkt, kann ich sie nicht abnehmen.

Was nützt es überhaupt, wenn ein Mensch nur Böses, nur Schlechtes in seinem Köpfchen hat? Denn von dieser Zentrale wirkt es sich auf den ganzen Körper aus. Die Fäulnis geht von da nun weiter, wenn er das festhält, wenn er sein Köpfchen voll belastet mit schlechtem Zeug.

Irgendeine Disharmonie im Äußeren beweist, dass eine geistige Disharmonie vorhanden ist. Wie das Innere, so das Äußere. Die einzigen Feinde des Menschen sind in ihm selbst.

Ich bitte Sie von ganzem Herzen, beobachten Sie Ihren Körper, stellen Sie sich die Frage: „Was geht in meinem Körper vor?" Denken Sie dabei nicht an Ihr Leiden. Sie haben das Recht, sich davon zu überzeugen, wie der Herrgott Seine Kraft durch mich auf Sie einwirken lässt, indem Er Ihnen allen die Gesundheit wiedergeben will. Sie werden spüren, dass sich vieles in und an Ihrem Körper bemerkbar macht. Beobachten Sie nur Ihren Körper, und es geschieht schon das, was geschehen soll.

Nun frage ich Sie, was ist denn Ihr Körper, wer hat Ihnen diesen geschenkt? Haben Sie den nur so ohne weiteres bekommen? Ist er von Ihrem irdischen Vater, von Ihrer irdischen Mutter? Dieser Ihr Körper ist ein göttliches Geschenk!

Jeder Mensch müsste wissen, was ihm sein Körper wert ist, zumal er diesen seinen Körper benötigt, um nicht nur sein Leben zu fristen, sondern er hat ja auch schon Pflichten, Aufgaben übernommen, um für seine Nächsten zu sorgen. Und gerade da braucht er ihn.

Ich will jeden Menschen wieder zum Glauben zurückführen, denn jeder Mensch ist ein Wesen der Natur, jeder Mensch ist ein Kind Gottes. Wir Menschen haben nur einen Vater, und das ist unser Herrgott. Und weil viele Menschen vom Glauben abgekommen sind, so will ich sie wieder zum Glauben zurückführen.

Es ist mein größtes Bestreben, Menschen, die vom wahren, göttlichen Glauben abgekommen sind, wieder auf diesen Weg zu führen.

Wer standfest ist, wer den wahren, göttlichen Glauben in sich festhalten kann, siegt!

Die Krankheit gehört nicht zum Menschen.

Unser Herrgott ist und bleibt alles. Der größte Arzt aller Menschen ist und bleibt allein unser Herrgott. Nur auf Seine Hilfe können wir rechnen.

Was von der göttlichen Seite kommt, ist das Natürliche.

Alles, was der Herrgott für uns Menschen hier auf dieser Erde geschaffen hat, gehört zueinander. Jeder hat eine Lebensberechtigung.

Ich würde es nicht wagen, Sie werden nie von einem Menschen hören, dass ich einem Tier weh getan habe. Was weiß der Mensch, was für eine Seele drin ist! Haben Sie dem Tier das Leben gegeben? Nein! Folglich haben Sie nicht das Recht, ihm das Leben zu nehmen!

Das Tier steht heute weit über dem Menschen. Warum? Weil es seinen tierischen Instinkt behalten hat. Es gibt auch Tiere, wie Haustiere, die tatsächlich vom Menschen verzogen sind, sie werden auch langsam Menschen und befolgen, was der Mensch von ihnen verlangt. Ein Tier muss Tier bleiben! Ein Tier wird niemals Gefahr laufen, wenn es nicht von seinem Herrn verhindert wird. Wenn z. B. ein Hund allein über die Straße läuft, wird er nie unter ein Fahrzeug geraten, wenn sein Herr ihn laufen lässt. Wird er aber zurückgerufen, so wird er irre, wird überfahren, was nie geschehen wäre, wenn sein Herr ihn nicht gerufen hätte. Vom Tier kann der Mensch noch lernen.

Der Mensch ist ja so klein geworden, dass das Tier oder die Tiere überhaupt ihm schon weit, weit überlegen sind.

Die Pflanzen und Tiere nehmen die natürlichen, göttlichen Kräfte in sich auf, soweit sie durch den Menschen nicht von der Natur entfernt werden.

Man glaubt, die Gezeichneten sind die Krüppel, nein, das sind nicht die Gezeichneten vom Herrgott. Die Gezeichneten sind die, die den Glauben an unseren Herrgott verloren, die ihn beschmutzen, die nicht das Gute haben wollen, sondern all das Schlechte.

Hüten Sie sich vor satanischen Menschen.

Es ist immer so, dass Menschen, die hierfür kein Verständnis aufbringen können, weil sie ja weitab vom göttlichen Glauben stehen, nichts unversucht lassen, andere Menschen vom Glauben abzureißen.

Ausstrahlungen der skeptischen Umgebung können Rückfälle verursachen. Der Mensch kann seinen Willen dagegensetzen.

Lassen Sie sich von schlechten Mäulern nicht stören, lassen Sie sich von ihnen nicht beeinflussen!

Da ist der Mensch menschenhörig geworden, und daher konnte er nicht mehr auf das hören, was Gott ihm zu sagen hat. Und daher stand er auch nicht mehr in der göttlichen Führung. Da wurde er schutzlos. Da wurde er rechtlos.

Da will ich Sie hin haben, Freunde, dass Sie gotthörig werden, dass Sie von Ihrer Leichtgläubigkeit abkommen, dass Sie nicht jeden Hokuspokus glauben, und dass Sie nicht mehr in Versuchung verfallen, denn dieses wird Ihnen immer zum Übel werden.

So haben auch Sie eine Pflicht, sich selbst von dem zu überzeugen, erst was Sie sind, wer Sie sind, und dass Sie sich weiter von dem überzeugen, was Gott für Sie, für uns alle, für alle Lebewesen auf dieser Seiner Erde geschaffen hat. Das ist Ihre Pflicht!

Ich bin kein Redner, ich bin nur ein Wahrsager, ich sage nur das, was wahr ist, was ich schon lange, überhaupt immer als Wahrheit erkannt habe. Denn die Wahrheit, von der er sich selbst zu überzeugen hat, ist nicht nur um den Menschen, sondern auch in dem Menschen.

Und deswegen kann ich es nicht deutlich und laut und oft genug sagen, bis das ein und das andere in den Menschen eingedrungen, so dass er das alles, was er als gut empfindet, weiterhin in sich aufnimmt, dass er sich selbst immer Beachtung schenkt, und dass er immer das für seinen Körper aufnimmt, was Gott wirklich für ihn bestimmt hat. Denn das alles ist möglich, das ist Wahrheit! So und auch dafür hat Gott uns geschaffen, dafür schenkt Er uns hier ein Erdenleben.

So sich jeder seines Hierseins, seines Erdenlebens bewusst ist, dann wird er wissen, wie er für seinen Körper zu sorgen hat, genau wie das Kleinkind, das neugeborene Kind, weiß, dass es seinem Körper Nahrung zu geben hat. Gott hat diese Bestimmung dem Menschen schon eingegeben.

Wollen wir keinen Menschen verachten, wollen wir die Bruderliebe und vor allen Dingen die Schwesterliebe in uns aufnehmen und gut zueinander sein, (...) wollen wir den Weg zu Gott zurückfinden!

Liebe dich, dann deinen Nächsten. Kein Leben ohne Liebe.

Der Mensch ist verpflichtet, dem anderen unter die Arme zu greifen. oder wenn Sie einen Menschen finden, der zu Boden fällt, dass Sie sofort bei der Hand sind und ihn aufrichten.

Mein Grundsatz ist der: Das Volk soll erkennen, dass wir Menschen unter uns die Pflicht haben, uns gegenseitig zu helfen.

Das kann man schon als Mensch tun: seinen Mitmenschen, vorerst den Nächsten, zu helfen. Wenn es jeder tut, dann ist ja wieder der Friede auf Erden. Und wenn ein Land, das heißt ein Mensch oder hier eine Nation der anderen gegenüber nicht gehässig ist, dann haben wir auch den Frieden auf Erden. Und das ist alles, das ist viel, da brauchen Sie nicht in Zank und Streit leben, der zuletzt zu einer Schlägerei ausartet, Schlägerei im Kleinen und Krieg im Großen.

Liebet euren Nächsten – ich sage nach wie vor – mehr als euch selbst! Mir ist ein Mitmensch immer lieber, ich selbst vergesse mich, ich denke nicht an mein Leben, ich denke an das Leben meiner Mitmenschen.

Ich wusste, warum ich kommen musste, warum es notwendig war. Ich tue es für Sie!

Es sind viele Menschen zu mir gekommen, nicht nur jetzt, nein, solange ich auf dieser Erde bin, die haben sich nicht bedankt für die Heilung, nicht dafür, dass sie gesund geworden sind, nein, sie haben ihren Dank, ihren herzlichen Dank ausgesprochen, weil sie den göttlichen Glauben, den göttlichen Weg wiedergefunden haben. Dafür haben sie sich bedankt. Das ist ja mein Hiersein auf dieser Erde, den Menschen zum wahren, göttlichen Weg wieder zurückzuführen!

Ich gebe Ihnen den alten, den eigentlichen menschlichen Instinkt wieder. Dann haben wir alles, dann werden wir hier auf dieser Erde, gleich welcher Religion, gleich welcher Nation, den Frieden haben. Das ist der Segen Gottes! Sie sollen nur weiter empfangen, und dieses soll weiter fortgepflanzt werden.

Was Sie nicht sehen, das fühlen Sie, deswegen haben Sie mehr Sinne in Ihrem Körper erhalten, aber diese müssen Sie kennen, von diesen müssen Sie Gebrauch machen!

Der Herrgott ist und bleibt für uns Menschen der Unsichtbare, aber doch der Spürbare. Jeder spürt es an seinem eigenen Leib, so wie er den Glauben in sich hat, und er verspürt, dass die Hilfe Gottes die einzige, die größte und die beste nur sein kann.

Wer diesen Weg gehen will, der muss Gutes tun, er muss gut sein, gut sein zu seinen Mitmenschen, nicht in Worten, sondern in Taten.

Wer tatsächlich den wahren, göttlichen Glauben in sich trägt und auch dementsprechend lebt, der darf diesen Glauben nicht nur in Worte umsetzen, sondern in Taten.

Ist es nicht schön, dass ein Blinder wieder sehen kann, dass Gelähmte gehen, dass man ihnen die Schmerzen abnimmt? Mit Worten kann ich es nicht beweisen, aber mit der Tat! Eine Nacht habe ich mich mit Journalisten zusammengesetzt, habe gesagt: „Bitte befragen Sie mich nicht, ich gebe Ihnen so viel Stoff. Tag und Nacht bin ich wach, dauernd bin ich unterwegs.“ Und sie sagten: „Herr Gröning, besser und schöner konnten Sie uns das nicht mitgeben, als dass Sie die Taten sprechen ließen.“

Alle sollen helfen, auch von Seiten der Presse, indem sie die Wahrheit schreiben. Man kann hinsehen, wo man will, auf der einen Seite hört man Gutes, und auf der anderen Seite hört man Schlechtes, und zwar ist es bisher immer der Fall gewesen, dass es die Presse war. Deshalb will ich mich über sie nicht erzürnen, ich will nichts Schlechtes, ich will nur das Gute, ich will in bestem Einvernehmen mit der Presse zusammenarbeiten, weil ich weiß, sie kann dazu beitragen.

Ich habe gesagt, ich will die Ärzte in meinen Reihen wissen, und zwar für die Vor- und Nachuntersuchung jedes einzelnen Kranken, damit jeder auch die Gewähr hat, dass er gesund geworden ist oder sich auf dem besten Wege der Genesung befindet.

Die ärztliche Hilfe als solche ist mir schon sehr häufig angeboten worden. Ich stehe nach wie vor dafür, dass ich dieses Angebot nicht ablehne, nein, denn dieses war ja mein Wunsch, dass die Ärzte sich bereit erklären und dass sie sich schon bereit erklärt haben, an diesem großen, göttlichen Werk mitzuarbeiten, um Menschen helfen zu können.

Ich will Sie nicht von Ihren Ärzten lossprechen, von mir aus können Sie täglich bei ihnen sitzen. Ich spreche nicht dagegen, im Gegenteil, ich würde mich freuen, wenn diese endlich einmal aufgeschlossen wären, um den Menschen helfen zu können. Denn bei dem, was man bisher nicht konnte, da reiche ich meine Hand und sage: Kommt, helft!

Der Arzt hat auch sein Bestes gegeben, Ihnen zu helfen. Es ist aber den Ärzten nicht gegeben, allen die Hilfe zu bringen, die sie erwarten. Eines aber muss gesagt werden: dass der einzige Arzt, der Arzt aller Menschen, allein nur unser Herrgott ist.

Immer wieder waren es kranke Menschen, die ich angetroffen habe. Ich habe aber nicht feststellen können bei diesen Kranken, dass es eine Strafe Gottes war. Wenn ein Mensch es wagt zu sagen, das wäre eine Strafe Gottes – ich finde keine Worte dafür –, ich sage zu diesem: Pfui Teufel!

Der Herrgott hat es nicht nötig, Menschen zu strafen. Er lässt sie nur abfallen.

Der Mensch hängt heute in der Luft. Er kann nicht selbst empfangen, was der Herrgott den Menschen sendet. Der Mensch ist tatsächlich im Laufe der letzten Jahrtausende schlecht und schlechter geworden, und dieses muss auch mal ein Ende haben.

Der Mensch hat sich überhaupt von dem rein Natürlichen gelöst, er wurde verbildet, auf einen Weg geführt, der kein natürlicher, sondern ein künstlicher war. Und damit kann man einem Menschen nicht helfen. Die Natur heilt! Der größte Arzt aller Menschen ist und bleibt unser Herrgott.

Die Natur gibt den Menschen alles durch das, was der Herrgott für uns wachsen lässt. Warum alles künstlich herstellen? Woraus werden diese Präparate hergestellt? Aus allem möglichen Zeug! Die Zusammensetzung kann der Menschenkörper unmöglich vertragen.

Der Mensch sollte von allen unnatürlichen Dingen ablassen und sich ganz dem Natürlichen, zu dem er gehört, hingeben.

Ich will doch den Menschen auf den natürlichen Weg zurückführen. Ich will ihn darauf hinweisen, dass er wieder lernt, auf die Vorgänge in seinem Körper, auf die Einflüsse seiner Umgebung zu achten, um dies zu seinem Vorteil auszunützen.

Sie müssen Ihrem Körper Beachtung schenken, Sie dürfen sich nicht mehr mit dem Bösen verbinden, vorerst von dem lossagen, wie Sie sich auch losgesagt, indem Sie sagten: „Hier habe ich ein Kämmerlein, hier bleibe ich, hier stört mich keiner!" Und da nehmen Sie alles auf, und da nehmen Sie auch die Kraft auf, so dass hier die Störung aus dem Körper beseitigt wird. Wenn es einmal nicht reicht – zweimal, genau gesagt, müssen Sie es immer tun, täglich. Aber das ist den meisten zu viel. Keine Zeit, kommt Geschäft, kommt die Arbeit, kommt Hannchen, Tantchen und Mannchen. Wer für sich selbst keine Zeit hat, der ist kein gottgläubiger Mensch, der hat sich wirklich von Gott gelöst. So viel Zeit muss er für sich, für seinen Körper haben.

Die Heilwelle geht genauso durch den Äther, durch die Wand, durch Berg und Erde wie die Radiowelle. Diese ist künstlich und jene ist natürlich. Deswegen ist es möglich, dass Sie auch zu Hause oder gleich, wo Sie sich befinden, wenn Sie sich die Zeit nehmen, auch die Heilwelle empfangen.

Der Sender sendet laufend weiter, und deswegen ist es nicht nötig, dass der Sender zum Empfänger kommt oder umgekehrt. Jeder bleibt dort, wo er ist, er braucht sich nur auf den Sender einzustellen. Und weil er das nicht wusste, müssen wir vorerst Gemeinschaftsempfang machen. Ich kann derweil ruhig aus Deutschland herausgehen, ich kann sonstwo im Ausland sein, ich sende Ihnen schon die Heilwelle, gleich wo Sie sich befinden. Sie brauchen sich nur einzuschalten.

Erst kommt die Wärme, auch bei Ihnen, dann kommt der Strom und reguliert das Weitere. Besser ist es immer, wenn der Mensch dann das alles ausspricht, was er verspürt. Er muss das herausgeben, sowie er es ausspricht, ist es verschwunden.

Wenn der eine oder andere vielleicht glaubt, dass er hier an Ort und Stelle gleich die volle Heilung erhält, so ist er im Irrtum, denn eine vollständige Heilung braucht auch ihre Regelung, je nach Größe der Krankheit, je nach Vielseitigkeit der Krankheit.

Es braucht alles seine Zeit, auch hier die Umwandlung in Ihrem Körper, was Sie jahrelang als Krankheit gehabt haben. Menschen denken, es muss gleich verschwinden. Das ist gerade das Wesentliche: Der Schmerz muss abgezogen werden, dass die Heilung vollzogen werden kann. Die Organe müssen durchbluten, um wieder Kraft zu bekommen, um wieder gesund zu werden.

Wo alles in Unordnung war, muss die Gesundheit sich auch diesen Weg erkämpfen und solange daran arbeiten, bis das kranke Organ wieder in Ordnung ist. Nichts fürchten, lassen Sie das über sich ergehen, es ist das Gute, das Göttliche.

Vor Regelungsschmerzen sollen Sie keine Angst haben. Im Gegenteil, freuen Sie sich darüber, denn wenn das neue Leben einzieht, wird alles wieder zurechtgebogen, und das tut manchmal weh.

Wer aber den Herrgott in seinem Herzen festhält und mit Ihm lebt, wird niemals wieder krank werden. Gestört werden kann nur ein Mensch, wenn er die Regelung nicht überwindet, und sich von diesen teuflischen Menschen irreführen lässt, das heißt, dass er diesen Menschen verfällt, indem er ihnen

Glauben schenkt und mir das größte Misstrauen entgegenbringt.

Sie brauchen nicht an den kleinen Gröning zu glauben, aber Vertrauen müssen Sie mir entgegenbringen und dem Herrgott für Seine große Tat, für Seine große Macht, für Seine Herrlichkeit danken.

Hier ist nur das eine in den Vordergrund zu schieben, dass Sie mir das größte Vertrauen entgegenbringen und den größten und festesten Glauben an unseren Herrgott haben, nicht nur Minuten oder Stunden, Monate, Jahre, sondern überhaupt Ihr ganzes Leben, das ist Grundbedingung.

Das Wunderbarste, die größte Stärkung und das Schönste und Größte, was man einem Menschen schenken kann, ist das Vertrauen, ist der Glaube. Kein irdisches Gut steht höher. Das ist das Höchste, dass der Mensch einem seiner Nächsten ein Versprechen gibt und dass er glaubt, dass er dieses – Selbstvertrauen und Glauben, das Vertrauen in seine Nächsten – auch in die Tat umsetzen wird.

Ein Vorhaben kann nur mit Erfolg zur Ausführung kommen, wenn der Ausführende an den Erfolg glaubt.

Gott wird helfen, so der Mensch dran glaubt, so er den guten, den göttlichen Willen hat, in dem er ja zu leben bestimmt ist, und so er den Glauben an Gott nicht verliert. Und Gott hilft ihm, glaube er nur!

Nicht nur heute und morgen, nein, Ihr ganzes Leben lang sollen Sie den Glauben an unseren Herrgott stärken und mit ihm leben.

Zweifel aufnehmen heißt das Gute anzweifeln. Sie verabscheuen das Gute, Sie werfen es von sich, und Sie können es niemals in sich aufnehmen, und Sie werden das Gute auch niemals in und noch viel weniger um sich fühlen, sondern da wird erst recht das Böse in Ihnen haften und wird Sie und Ihren Körper herabwürdigen, so dass Sie da dann dem Siechtum ausgeliefert sind.

So der Mensch sich selbst ein Versprechen gibt, hat er Gott ein Versprechen gegeben. Zu diesem Versprechen muss er zeit seines Lebens stehen. Aber nur bei dem geringsten Zweifel fällt er wieder ab, und er muss immer wieder von vorne beginnen.

Der Mensch kann noch so viel Gutes erfahren, er kann noch so viel Gutes schon im Leben getan haben, er schenkt dem Bösen einmal Gehör, er lässt sich verlocken, er lässt sich verleiten; er weiß von so vielem nicht, ob es falsch oder richtig ist, und er zweifelt das vorherige Gute an, indem er dem letzten doch Glauben schenkt und sagt: „Es könnte doch sein." Also damit hat er das Gute angezweifelt, und damit verfällt er schon dem Bösen, damit hat das Gute bei ihm aufgehört, und von da ab drängt in ihn das Böse hinein, und daher ist er von hier ab dem Einfluss des Bösen ausgesetzt. Und dadurch verliert er den wirklich guten, den göttlichen Schutz.

Es stimmt, dass das Böse existiert, das müsste ja jeder von sich selbst auch schon wissen. Nun, wer das jetzt so weiß, und wer sich von diesem so weit überzeugt hat, der weiß dann letzten Endes auch, zu wem er gehört. Gutes zu empfangen, heißt, wie er es empfindet, wie er das Gute beherzigt und wie er zum Guten, wie er zu Gott steht.

Wehe dem, der unter dem Einfluss des Bösen steht! Wohl dem, der sich aber dem Guten hingibt, wie er das Gute schon als gut empfindet und wie er glaubt, dass er auch dem Guten dient, dienen darf. Das ist mehr als Glück, das ist ein Segen Gottes. Denn der Mensch hat sich dann schon verdient, dass er dem Guten, dass er Gott dienen darf.

Gott dienen heißt helfen. Jede Hilfe führt den Menschen zum Heil.

Ich gehe meinen Weg, ich gehe davon nicht ab. Ich bin und fühle mich verpflichtet, Menschen zu helfen und Menschen zu heilen, und dieses geschieht nur im Namen Gottes.

Ich stehe vor Ihnen wie ein ganz kleines Werkzeug Gottes oder wie ein ganz kleiner, winziger Transformator auf der Erde, der Ihnen das vermittelt, was Sie brauchen, um gesund zu werden.

Ich stehe tatsächlich vor den Menschen wie ein Transformator, der den Strom vom göttlichen Werk empfängt und weiterverteilt an den Einzelnen, wie er ihn braucht, um wieder leben zu können.

Dieser Heilstrom ist kein menschlicher, es ist der reine, der ganz natürliche, es ist der göttliche.

Natürlich können Sie nicht den direkten Strom vertragen.

Wer sich selbst aufgibt, dem kann Gott und dem kann auch ich nicht mehr helfen.

Es gibt auch Menschen, die weinen und jammern – so ist es unmöglich.

Am ehesten kommt das Böse immer bei dem Menschen, der vom Bösen umgeben ist. Und das Böse tut von sich aus zielbewusst alles, den einzelnen Guten mit Bösem zu überschütten, um ihn hernach dem Bösen ganz ausliefern zu können.

Nur dann, wenn Sie sich wirklich vom Bösen endgültig lossagen, findet die Aufnahme statt.

Was gibt uns die Veranlassung, überhaupt untereinander bösartig zu sein? Ich sage: Liebet eure Feinde!

Wie ein anderer für ihn nicht essen kann, damit er seinen Hunger stillt, so kann ein anderer für ihn auch das nicht aufnehmen, wenn er nicht gewillt ist, das Gute, wie er es nötig hat, für seinen Körper selbst aufzunehmen.

Wer gesund und wer gut werden will, muss schon von dem Segen Gottes Gebrauch machen.

Gott gibt Ihnen einen, Seinen Segen; darum werde ich bitten; dafür will ich beten; dafür werde ich das tun, was hier nicht nur meine Pflicht und Schuldigkeit ist, sondern was hier mein Erdenleben, mein Hiersein bedeutet. Denn ich bin mir meines Hierseins, meines Erdenlebens bewusst, wovon viele, die meisten Menschen nichts wissen.

Wer andere erkennen will, muss erst sich selbst erkennen.

Wer sich selbst nicht kann erkennen, der wird Gott ständig verkennen.

Nicht verurteilen, sondern beurteilen. Beurteilen kann ich ihn nur dann – ob es ein Mensch ist oder wer oder was es ist –, wenn ich den Menschen oder den Gegenstand, um den es geht, genauestens kenne. Dann kann ich ihn beurteilen. Wenn ich den Menschen nicht kenne oder den Gegenstand nicht kenne, dann kann ich ihn sehr leicht, ob ich es will oder nicht, verurteilen aufgrund meiner Unkenntnis. Also, Kenntnisse muss der Mensch schon haben! Und hier liegt ja der wichtigste Kernpunkt überhaupt, dass man die Pflicht hat, sich von seinem Nächsten so zu überzeugen, damit man ihn durch all das, was er nicht nur an sich selbst, sondern an seinem Nächsten, womöglich auch schon für ihn getan hat, leicht erkennen und sich von diesem überzeugen kann.

Der eine hat die Reife früher, der andere später. Unreifes Obst kann man nicht essen, der Apfel muss erst seine Reife haben, ehe Sie ihn essen, und wenn er die Reife hat, so werden Sie auch gesund bleiben. Unreifes Obst isst man nicht. Einen noch unfertigen Anzug können Sie auch noch nicht anziehen. So ist es auch bei den Menschen: Der eine hat die Reife früher und der andere später, der eine ist gleich aufgeschlossen, die anderen kommen nach und nach.

Das Verstecktsein, Freunde, das Hinter-dem-Rücken, das ist das Gemeine, und das kommt auf Sie zurück. Machen Sie sich frei davon! Kümmern Sie sich erst gar nicht darum! Und wenn es Ihnen wert ist, gehen Sie, überzeugen Sie sich, und dann werden Sie etwas anderes wahrnehmen, dann stimmt das alles gar nicht. Aber Sie sind mit in diesen Ratsch und Tratsch verwickelt, weil Sie dafür ein Ohr hatten, weil Sie dafür die Zeit gegeben, weil Sie die Zeit nicht genützt haben. Sie haben die Zeit vergeudet! Und so unnütz sollen wir die Zeit nicht vergeuden.

Die Zeit, das ist Gott selbst. Wir sollen sie nützen, wir sollen sie uns nutzbar machen, dann werden wir so leben können auf dieser göttlichen Erde, wie Gott das Leben für uns bestimmt hat.

Die Zeit will genützt werden, darf nicht ungenützt bleiben. Nützen Sie die Zeit, dann ist es gut!

Sie lebten in dem Glauben, Sie hätten dafür keine Zeit, Sie müssten Ihren Beruf, Sie müssten Ihrem Betrieb nachgehen, Sie müssten Ihrem Haushalt und Sie müssten so manchem nachgehen. Für sich selbst, für Ihren Körper und für all das, was Sie sich selbst schuldig sind, haben Sie sehr wenig Zeit. Ihre Einstellung zur Zeit ist eine falsche!

Setzen Sie sich zu Hause genauso hin, wie Sie hier gesessen haben, wenn Ihnen die Gesundheit etwas wert ist. Sie müssen schon etwas Zeit opfern.

Weil der Mensch nicht stark genug ist, deswegen sage ich, er muss sich vom Bösen abwenden, er muss erst Kräfte sammeln, Kräfte in sich aufnehmen, er muss sich erst von dem überzeugen, was Gott ist und wer Gott ist und wie Gott ist und was Gott für ihn bestimmt hat. Davon soll er sich erst überzeugen, und er wird überzeugt, so er seinem Körper Beachtung schenkt, und er wird wieder voller Kräfte sein, er wird die Wahrheit am eigenen Körper erfahren.

Nein, Freunde, Sie müssen sich von dem Übel abwenden! Sie dürfen sich niemals mit dem, das Sie als Übel empfinden, abgeben. Und dürfen sich auch nicht mit dem Übel abfinden, indem Sie gleichgültig werden, wie viele doch gleichgültig geworden sind.

Schenken Sie Ihrem Körper mehr Beachtung, jeden Tag, jede Stunde, jede Minute, jede Sekunde!

Wie unwissend doch der Mensch ist, wie er dieser Macht, der Macht der Gewohnheit verfallen, indem er in dem Glauben lebt, er müsse über das Übel sprechen, er müsse das seinem Nächsten sagen und er müsse seinen Nächsten dahingehend angehen, dass er alles Mögliche versuchen möge, dass er von dem Übel frei wird. Nein, das wird nichts! Im Gegenteil. Er steckt eher an, er würdigt damit seinen Nächsten herab. Er wird entmutigt. Der Nächste, der das zu hören erhält, wird schwach. Er verfällt in das Leid, er leidet mit, Sie würden sagen, Mitleid kommt in ihm auf. Und mit diesem können Sie keine Hilfe von Ihrem Nächsten erwarten.

Auch Sie selbst haben alles Mögliche angestellt, um hier Ihre Gewohnheiten den engsten Freunden dieses Freundeskreises aufzusuggerieren. Es war einfach Ihr Glaube, dass Sie alles sagen mussten, so wie Sie es gewohnt waren, Ihre Sorgen und Nöte vorzutragen, alles flog über den Mund. Eine kleine Zwischenfrage: Ist das nicht ein Übel, diesen Dreck, womit wirklich der Körper behaftet ist, noch in den Mund zu nehmen? Ist doch ein übler Geschmack. Ich müsste hier sagen, das ist eine Geschmacklosigkeit vonseiten vieler Menschen.

Hier wird von Krankheit nicht gesprochen, hier dürfen Sie nicht mal den Gedanken aufnehmen oder sich womöglich in den Glauben versetzen, Sie müssten jetzt über Krankheit sprechen!

Wer seine Krankheit liebt, hält sie fest, wer sie sucht, wird sie finden. Sie schalten sich dann automatisch wieder auf die Krankheit, das heißt auf das Leiden zurück. Das ist das, was nicht sein darf!

Wer sich mit dem Leiden beschäftigt, der beschäftigt sich mit dem Satan.

Und dass der Satan hier unter den Menschen wütet, das kann man nicht genug sagen.

Der Mensch ist im Laufe der Jahre derart schlecht geworden, und wenn ein Mensch schlecht ist, so hat er ein „Ungewissen", so eine Unruhe in sich, und die Unruhe bringt das Weitere. Seine Seele ist nicht rein, und er ist seelisch belastet, seelisch krank.

Der Mensch sündigte weiter und weiter, mehr und mehr, und ich glaube, dass Sie mich verstehen, wenn ich sage, dass er durch dies Sündhafte, das der Mensch schon früher begangen und jetzt noch mehr, krank sein muss.

Die Tatsache ist, dass alle Leiden seelisch bedingt sind, es gibt nicht ein Leiden, das nicht seelisch bedingt ist.

Die Seele ist das rein Göttliche im Menschen wie in jedem Lebewesen.

Selig – das heißt, die Seele ist frei von allem Bösen.

Weil wir nicht mehr heilig sind, sind wir nicht heil.

Die Gesundheit ist etwas Gutes und bleibt nur in dem Körper, der rein dasteht.

Gott geb's und Gott gibt's, dass der Mensch auch immer zur Reinheit stehen kann. Es fragt sich nur, ob der Mensch es will.

Viele hatten auch diese Heiligung, Sie sagen Heilung, wieder verloren, auch das hat es gegeben, gibt es heute auch. Es liegt immer an dem Menschen, wenn er vom Guten, wenn er von Gott wieder abkommt, dass er sich wieder dem Bösen hingibt, dass er sich wieder verlocken, verleiten lässt, dass er übermütig wird, da kommt das zustande.

So der Mensch aber, der das Böse erfahren hat, mit dem Bösen nichts gemein haben will, dann soll er sich lossagen, dann hat er selbst entschieden, hier spricht sein Wille.

Ich bitte, nicht die Frage zu stellen, was ich heilen kann, sondern wen ich heilen kann. Es liegt nicht an mir, sondern an jedem Kranken selbst. Wenn heute 100 Menschen gekommen sind, um Hilfe und Heilung zu erhalten, so kann es sein, dass heute 99 geheilt werden und einer nicht. Und wenn morgen wieder 100 kommen, so kann es vorkommen, dass 99 nicht geheilt werden und nur einer geheilt wird.

Ich habe gesagt, dass es am Menschen liegt, ob ich ihm helfen kann, gleich, was für ein Leiden er hat. Es liegt nicht an mir, es liegt am Menschen! Allen zu helfen, kommt nicht in Frage, denn hier geht es um gute und um böse Menschen. Z. B. können meine Freunde mit sonst jemand kommen; wo ich weiß, dass der Mensch sich nicht ändert, ist nichts zu machen.

Es gibt Menschen, oft genug auch im Freundeskreis, die den Schweinehund immer noch in sich tragen, die davon nicht ablassen können. Das ist die Macht der Gewohnheit. Es gibt Menschen, die sagen: „Ich kann nicht anders, ich muss ihn zwiebeln, ich muss sehen, ich muss feststellen, dass es dem schlecht geht, dass der sich ärgert und dass der herabgewürdigt ist, ich werde ihm schon zeigen, was eine Harke ist!" Und so vieles andere mehr! Verlangen Sie nicht, Freunde, dass ich jetzt weiter loslege, sonst werde ich noch persönlich, sonst würde ich die Menschen noch persönlich aufzählen. Diese Art Menschen dient heute noch dem Bösen.

Man soll nicht beten und hinterher gleich ein anderer, ein schlechter Mensch sein. Nein, mit dem Glauben leben, dann können Sie kein schlechter Mensch sein, dann sind Sie es wert, als Mensch angesprochen zu werden.

Jeder Mensch müsste von sich aus wissen, dass er ein natürlich göttliches Geschöpf und demnach auch dem göttlichen Gesetz unterworfen ist.

Gott hat uns das Leben gegeben, und wir sind Ihm gegenüber verantwortlich, unser Leben zu erhalten. Wenn Sie irgendwo mal in Not geraten sind, ist es immer so, dass Sie den Herrgott rufen, den Sie auch nie auslassen dürfen.

Mir ist es ganz egal, wie der Mensch zu Gott findet – Hauptsache, er findet zu Gott.

Das ist meine Pflicht und Schuldigkeit, den Menschen frei zu machen, frei zu machen von dem Bösen.

Als der Satan den Menschen von diesem [dem göttlichen] Weg lockte, hat er hinter sich die Brücke gesprengt, die zu diesem Weg führte. Und folglich hat es nur einzelne wenige gegeben, die den wahren, göttlichen Glauben beherzigten, und die anderen sind jetzt auf dem Irrwege gefangen. Es gab und gibt auch heute noch ein großes Durcheinander. Damit Sie mich verstehen, ich gebe Ihnen so viel darüber nachzudenken, wenn ich Ihnen sage, die Brücke zu diesem göttlichen Weg habe ich wieder errichtet, und Sie können wieder zurück. Diesen Weg zeige ich Ihnen.

Dieser Weg, den der Mensch bisher gegangen ist, ist ein falscher, und das ist der Irrweg, nicht mehr der göttliche. Aber auf dem schlechten Weg sein und dann von dem Guten etwas erlangen, nein, das geht nicht. Also wollen wir Menschen versuchen, auf den guten, auf den göttlichen Weg wieder zurückzugehen. Die Brücke ist da, die Brücke hält!

Ich will den Menschen auf den wahren, göttlichen Weg zurückführen. Die Brücke zu diesem Weg habe ich gebaut. Diesen Weg können Sie alle gehen. Wenn Sie diesen Weg gehen, dann haben Sie alles! Deshalb mein Wirken hier auf dieser Erde.

Haben Sie Vertrauen zu mir. Haben Sie Glauben, den Glauben an unseren Herrgott, dann haben Sie alles!

Ich will keinen Menschen dazu zwingen, das zu glauben, was ich gesagt habe. Sie können es glauben, Sie brauchen es nicht zu glauben. Sie brauchen auf meine Rede nicht zu hören. Ich möchte hier keinen Maßstab anlegen. Ich will keinen Menschen kränken, im Gegenteil, ich will jedem Menschen die Hand reichen.

Sie alle werden das erhalten, wie Sie es zu erhalten haben.

Es ist kein Zauber, sondern es ist ganz natürlich, so hat Gott es bestimmt!

Der Dank gehört nicht mir, der Dank gehört unserem Herrgott. Danken Sie bitte nicht einmal, danken Sie immer, Ihr ganzes Leben. Beweisen Sie es, dass Sie tatsächlich ein gut gottgläubiger Mensch sind.

Bei vielen oder einzelnen ist der Gefühlsnerv so weit herunter, dass sie es nicht verspüren. Aber dass die Heilung vor sich geht, ist mir klar. Viele haben überhaupt nichts verspürt, kommen nach Hause, und alles ist verschwunden.

Ich sage von vornherein immer wieder und noch: Danket nie mir – danken wir Gott dafür. Ich danke Gott immer dafür, dass ich das tun darf, dass ich Ihm dienen darf, dass ich Sie wirklich auf den Weg führe, das heißt dass ich Sie Gott näher bringe. Wie Sie sich Gott gegenüber dankbar zeigen, das belasse ich Ihnen selbst.

Es ist für mich eine Selbstverständlichkeit, den Elenden allen zu helfen.

Glauben Sie nur, dass ich weiter nichts als nur Ihr Helfer bin! Glauben Sie, dass ich weiter nichts als nur ein Diener Gottes bin, was auch Sie sein können, wenn Sie es nur wollen, wenn Sie es nur tun!

Ich habe den Menschen zu wissen gegeben, dass ich mein Leben den Menschen dieser Erde schenke, dass ich ihnen das voll und ganz zur Verfügung stelle und dass ich nichts unversucht lassen werde, für den Menschen zu sorgen. Nicht, dass ich ihm etwas von meinem Persönlichen geben kann, nein, ich führe ihn auf einen Weg, wo er sein weiteres Leben und sein gutes Leben und das natürliche, das göttliche Leben findet.

Ich bin für die ganze Menschheit da, ich muss meiner Pflicht genügen, ich muss helfen – das alles verlangt der Herrgott!

Sie können kommen, woher Sie wollen, ich frage keinen Menschen nach seiner Religion noch nach seiner Nation, wenn er die Hilfe braucht, das heißt nicht nur die Hilfe allein, sondern auch die Heilung.

Bei mir gibt es keinen Unterschied, mir ist der Arme genauso lieb wie der Reiche und der Reiche genauso lieb wie der Arme. Es gibt keinen Unterschied!

Menschen, die viel Geld besitzen, die reich an Geld und Besitztum sind, sind auch ebenso reich, manchmal noch reicher, an Krankheit. Aber es ist noch keinem dieser Menschen gelungen, sich die Gesundheit zu kaufen. Auf der anderen Seite gibt es arme Menschen, die weder Geld noch sonst etwas besitzen, die sind auch meistens arm an

Krankheit. Das ist ein Unterschied. Also das Geld ist nicht ausschlaggebend!

Ich will von Ihnen kein Geld. Heute war eine Dame hier, die wollte mir ein kleines Geschenk machen. Ich habe hier noch keine Geschenke angenommen, ich habe noch kein Geld angenommen, nein, aber ich weiß, es gibt so viele arme Menschen. Da habe ich gesagt: „Wollen Sie es bitte diesem armen Menschen schenken! Wenn Sie es dem schenken, ist es genauso, als wenn ich das persönlich empfange!“ Ich kann nicht dafür, ich teile, ich gebe auch das Letzte.

Ich sehe diese Menschen als die schlimmsten an, die hier gerade nichts unversucht ließen, sich die Gesundheit für Geld zu erkaufen. Das gibt es nicht!

So etwas hat es auch noch nie gegeben, dass ein Mensch sich die Gesundheit erkaufen konnte, nicht einmal von einem Arzt; und es ist gut, dass es so eingerichtet ist, und hier bei mir erst recht. Denn Sie werden verstehen, dass ich mit dieser göttlichen Gabe kein Geschäft machen darf und es auch nicht wage, und ich will es auch nicht. Menschen sagen: „Wie wollen Sie denn leben?“ So bleibe ich eben Almosenempfänger!

Nein, die Gesundheit kann sich keiner erkaufen, so viel Geld gibt es ja gar nicht. Denn das Geld, das ist ja die Erde, das ist ja auch von Gott so geschaffen, dass wir ein Zahlungsmittel haben – ein Gestein, Erde, die selten ist, und das ist die Währung, das ist die Deckung des Geldes, wo das Geld doch nur ein Zahlungsmittel ist. Also, mit Gott selbst zwei Geschäfte machen, Ihm dafür dieses Geld, Sein Besitztum zu geben: „Da hast Du alles, und jetzt gib mir meine Gesundheit!" Glauben Sie, dass Gott das so will? Ja? – Nein, ich nicht.

Gesundheit ist alles! Aber die Gesundheit kann ein Mensch nur erhalten, wenn er mit dem Glauben an unseren Herrgott lebt.

Die Gesundheit, das ist das Kostbarste, was man einem Menschen, genauso auch auf der anderen Seite einem Tier oder aber auch dem pflanzlichen Leben, geben kann.

Wie schön es doch für einen Kranken ist, wenn er Luft schnappen kann. Also müssen Sie hinaus in Gottes freie Natur! Genießen, gut essen, gut leben – all das Göttliche genießen.

Witterungseinflüsse können Sie als verkünstelter Mensch schon nicht mehr vertragen.

Der Mensch wird auf dem natürlichen Wege ferngesteuert – von wem? An den wir alle glauben müssen, auf dem Weg, den wir alle gehen müssen. An den wir glauben müssen, ist allein unser Herrgott! Wir Menschen sind nur Kinder Gottes.

Ich ersuche Sie doch laufend, dass Sie jetzt baldmöglichst den guten Weg einschlagen und dass Sie die Treue erst mal zu sich selbst halten und dass Sie wirklich all das tun, was Sie sich selbst versprochen; und dass Sie auch an das glauben, was Sie für sich nötig haben; und dass Sie sich wirklich auch an das Versprechen halten, wenn Sie sich von dem Bösen lossagen, dass Sie sich mit dem Bösen, mit diesem Übel, nicht mehr vereinigen, sondern mit dem, das Sie wirklich zum Guten führt und was Ihnen auch gut tut. Damit Sie dieses Gute und die Güte Gottes in sich aufnehmen und dieses dann auch weitergeben können an Ihren Nächsten.

Jetzt müssen Sie allem Bösen aus dem Weg gehen, Sie dürfen das Böse nicht mehr in sich aufnehmen, Sie müssen sich ein Fleckchen aussuchen, wo Sie die himmlische, die göttliche Ruhe wieder aufnehmen können, so dass dadurch dann die Ordnung in Ihrem Körper zustande kommt.

Ich bewahre auch weiterhin die himmlische Ruhe, die himmlische Geduld. Aber auch das möchte ich von jedem Freund, dass er sie nicht verliert. Aber erst muss er sie in sich aufnehmen.

Wer um diese, um das Heiligste gebracht worden ist – das ist die Ruhe –, der wird alles durcheinanderbringen und wird weitere seiner Nächsten nach sich ziehen.

Dieses geschieht erst dann, wenn der Mensch sich selbst zur Ruhe bewegt. Denn das muss er zuerst tun: die Unruhe von sich schütteln, die Unruhe erst gar nicht aufnehmen, sondern nur eines: die Ruhe aufnehmen, sich zur Ruhe bewegen, sie in sich selbst aufnehmen, und dann wird er nicht nur ein gutes, ein wohlwollendes Gefühl erhalten, sondern dann wird er die guten Gedanken, die Gedanken aus der guten, aus der göttlichen Gedankenquelle aufnehmen.

Hier haben Sie sich selbst zu überzeugen, hier sollen Sie nicht leichtgläubig sein, hier haben Sie all das zu tun, was Sie sich selbst schuldig sind! Und dann werden Sie glauben, dann sind Sie kein leichtgläubiger Mensch mehr!

Folgen werden schon einige, die das Gute, das Göttliche bejahen, das heißt, sie beginnen da, wo sie sich selbst bejahen, da kommt das Göttliche zum Vorschein.

Ich folge nur Einem, und das ist Gott. Und wenn Sie jetzt auch dem folgen, zu dem Sie gehören, dann gibt es das Gefolge. Und das ergibt den ganzen Freundeskreis.

Ich würde es begrüßen, wenn Sie sich restlos zur Verfügung stellten, damit Menschen geholfen und geheilt werden können. Dann hat das Elend nicht nur eines Volkes, sondern aller Völker, aller Menschen, mal ein Ende.

Hier geht es um den ganzen Weltraum, hier geht es um das Erdenleben und um den, der über uns hier zu bestimmen hat und schon bestimmt hat, und dieses Bestimmte müsste der Mensch wissen. Ich glaube, liebe Freunde, zum Teil wissen Sie, wer es ist. Das kann kein Mensch sein, sondern es kann nur der sein, der uns, der den Menschen, der diese Erde, der alles, alles geschaffen hat für uns, für Sie und für alle, die noch nach uns, nach dem Menschen der heutigen Zeit, kommen. Es geht um alle Lebewesen, denn überall da, wo Leben ist, da ist Gott!

Seid offen, habt ihr so weit glauben können, dass das so weit um sich greift und dass dieses Werk dazu ins Leben gerufen worden ist, alles, aber auch alle Lebewesen hier zu erfassen, um den Menschen von morgen das Leben zu geben, so wie es nicht der Wille des Menschen, sondern wie es der Wille Gottes ist? Aber ihr sollt heute Gott erkennen lernen, Gott erkennen können, damit ihr es den Nächsten von morgen sagen könnt.

Es geht nicht an, und es wird auch nicht sein in aller Zukunft, dass es nur einen Menschen gibt, der da glaubt, sich einschleichen zu können, groß Versprechungen macht und nichts tut. Hier wird jedes Wort, das zum Werk notwendig ist, in die Tat umgesetzt.

Seien Sie ehrlich! Faule Ausreden, das sind schon Lügen. Und damit haben Sie sich selbst belogen, sich selbst betrogen.

Man darf sich auch nicht scheuen, den Menschen, wenn er schlecht ist, wenn er etwas Sündhaftes tut oder zu tun gedenkt, davon abzuhalten oder ihm die Wahrheit ins Gesicht zu sagen, entweder – oder: „Nimmst du Vernunft an, dann wird es dir auch gut gehen, dann wirst du auch so leicht, so frei, so froh sein. Denn die Sünde ist eine großen Belastung!"

Willst du das Glück dir erringen, musst du das Böse bezwingen.

Wenn Sie Ärger bekommen, wenn Sie sich in einem seelischen Leid verfangen, dann verlieren Sie den Appetit, können nicht schlafen, finden keine Ruhe. So greift eins das andere an. Wenn Sie jetzt täglich Ärger hätten, würden Sie ein Wrack werden, es würde so lange gehen, bis Sie in sich zusammenbrechen. Und es ist immer wieder dasselbe, dass der Mensch durch ein seelisches Leid erfasst und plötzlich krank wurde. Es greift eines ins andere. Die schwersten Krankheiten sind da vorgekommen.

Da ist das weitere Zeichen dafür gegeben, dass Sie schon dem Bösen verfallen, dem Bösen ausgeliefert sind. Sie sind ein unzufriedener Mensch geworden. Sie sind wirklich nicht mit sich und mit all dem zufrieden, das in Sie eingedrungen ist, das in Sie weiterhin eindrängt, denn Sie befassen sich immer wieder mit all dem Übel, das Sie empfunden haben.

Wie oft habe ich es Ihnen gesagt, dass Sie wie jeder Mensch und alle Lebewesen göttlich sind, und niemand kann Ihnen das Göttliche absprechen. Sie bleiben es. Nur mit dem Unterschied, dass der eine mehr oder weniger dem Bösen verfällt, dem Bösen dient, dass er sich mit dem Bösen abgibt, dass er sich mit dem Bösen abfindet oder dass er sich ganz dem Bösen hingibt; dass er das als leichter, als besser empfindet, um ein schmutziges, ein dreckiges Leben zu führen! Wie er das von sich aus für richtig hält, was er unter diesem einen Wort Leben überhaupt versteht. Da ist doch die Gefahr! Und gerade deswegen, weil hier die Gefahr dem Menschen droht, müsste er sich über alles klar sein, er müsste sich überhaupt hüten, nur einen bösen Gedanken aufzunehmen. Er hat es nötig, mit Gott verbunden zu sein.

Hüten Sie sich vor den Gedanken, vor allem vor den bösen! Und Sie werden tatsächlich dann zur bösen Tat übergehen, übergehen müssen, weil Sie mit bösen Gedanken überfüllt sind. Sie können nicht anders.

Ich weiß, wie ein Menschenhirn arbeitet, und ich weiß, wie gefährlich es ist, wenn man nicht über genügend Abwehrkräfte verfügt, um diese Gedanken, die man einst gelöscht hat, von sich zu halten.

Es ist richtig, dass Sie sich tatsächlich das Leiden selbst aufsuggerieren, dass Sie es festhalten, und das geschieht im Unterbewusstsein.

Wenn Sie den göttlichen Weg antreten wollen, das heißt, wenn Sie gesund werden wollen, dann müssen Sie das Satanische, das Schlechte, die Krankheit abwerfen. Und dann nur Obacht geben, was da in und an Ihrem Körper vorgeht. Und das Rätsel ist dann für Sie gelöst. Mehr haben Sie nicht zu tun, das ist das Eigentliche, was ich will.

Werfen diesen Schmutz Sie ab, Sie haben sich das selbst aufsuggeriert. Sie können es aber loswerden, wenn Sie es mir jetzt schenken. Tun Sie es! Wer mir sein Leiden geschenkt hat, hat kein Recht mehr, danach zu fragen. Es gibt Menschen, die suchen die Krankheit wieder. Das haben Sie alle nicht nötig. Wenn ich etwas verschenkt habe, so darf ich diesem nicht mehr nachweinen.

Ich will doch von Ihnen nichts weiter als die Krankheit, nichts weiter als die schlechten Gedanken, nichts weiter als das Böse überhaupt, das vorher über Ihnen stand.

Nicht grübeln, nicht verzagt sein! Belasten Sie sich bitte nicht, lassen Sie mir die Sorgen. Geben Sie mir doch die Sorge!

Wenn Sie Schmerzen kriegen, sofern das nicht der Regelungsschmerz ist, nehme ich Ihnen das ab, wenn Sie mich geistig rufen.

Überall, soweit es mir als Mensch möglich ist, gehe ich zu den Kranken, bin Tag und Nacht unterwegs. Denn ich kann es nicht sehen, nicht hören, wenn Menschen klagen und stöhnen. Ich tue mein Möglichstes, ich tue das, wozu ich mich berufen fühle.

Mein größtes Augenmerk ist immer darauf gelenkt, dem zu helfen, der dieser Hilfe sehr bedürftig ist. Vor allem dann, wenn auch nur für einen einzelnen Menschen die Gefahr besteht, dass nicht schnellstens das geschieht, was zu geschehen hat. Im anderen Falle ist er, der Einzelne, dem Bösen ausgeliefert, und er würde dann dem Siechtum verfallen.

Ich bitte Sie, überhaupt keinen Ihrer Angehörigen – für alle Zukunft, für Ihr weiteres Leben – für totzusprechen, wenn der Körper tot ist.

Der Mensch, er kommt und vergeht wie die Blumen, wie die Bäume, wie die Sträucher. Eines wird vom anderen abgelöst. Heute stehen Sie Posten auf dieser Erde. Von Zeit zu Zeit wird man abgelöst. Und so werden Sie auch abgelöst – ich auch.

Es ist Ihnen nicht unbekannt bei Tieren: In einem Jahr sind es Raupen, im anderen Jahr Schmetterlinge, und viele andere Tiere verwandeln sich auch. So ist es auch beim Menschen!

Das Schmutzige ist, dass ein Mensch es wagt, dem anderen zu sagen: „Du musst bald sterben.“ Wenn einer seinem Mitmenschen schon das mit auf den Weg gibt und ihm sein weiteres Leben abspricht, das kann er nicht mehr gutmachen!

Das, was ich tue, und das, was ich sage, kann ich immer verantworten.

Der Edle denkt an die Pflicht. Der Niedrigdenkende an den Gewinn.

Der Weise denkt nicht an seine Größe und wird darum groß.

Hochmut kommt vor dem Fall, das ist das, was Sie bedenken sollen.

Wem der Herrgott gab ein Amt, dem gab Er auch den Verstand. Wer sich aber nahm ein Amt, dem nahm der Herrgott den Verstand! Wenn also Menschen nichts unversucht lassen, sich hier und dort einzuschleichen, um ein gut bezahltes Amt zu erhalten.

Hier ist es dem Menschen in Fleisch und Blut übergegangen, dass er sagt: „Wenn ich nur Geld habe, dann habe ich alles." Der Mensch ist tatsächlich heute zum größten Teil so gestellt, dass er für Geld alles tut. Also ist der Mensch käuflich zu erwerben.

Es geht hier nicht um Geld, es geht um den Glauben!

Es kommen immer wieder Menschen, die nichts unversucht lassen, und sagen: „Herr Gröning, das müssen Sie so tun, jenes müssen Sie anders tun.“ Wenn ich mir dies alles anhören würde und wenn ich dieses alles befolgen würde, so könnte ich überhaupt nichts mehr. Richtig handle ich, wenn ich mich von einem Menschen nicht beeinflussen lasse, dass ich den Weg gehe, den ich zu gehen gedenke. Denn von einem Menschen sich lenken zu lassen, wäre verkehrt. Ich lasse mich auch lenken, lenken von der göttlichen Kraft.

Ich räume keinem Menschen das Recht ein, von mir etwas zu verlangen, sondern nur zu erlangen. Sie sollen erlangen, Sie sollen empfangen, was Sie brauchen, um gesund zu werden.

Ich gebe es nie so, wie ein Mensch es will, sondern ich gebe es so, wie ich es empfange, und nicht vom Menschen. Das kann und darf und muss ich auch betonen und euch herausstellen: wie ich es von Gott selbst empfange! Ich kann da nichts ändern und ändere auch nichts.

Sie brauchen nicht zu fürchten, wenn der eine oder andere schwer gelähmt oder blind ist, dass ihm die Hilfe nicht zuteil werden kann. Die Hilfe kann jedem Menschen zuteil werden.

Niemals den Mut sinken lassen, wenn man Ihnen auch schon gesagt hat: Da können wir nicht mehr helfen. Da macht es mir am meisten Spaß, wo die Hilfe schon versagt hat!

Es hat manch ein Mensch gesagt: „Ja, warum habe ich es verdient? Ich bin doch ein sündhafter Mensch, ich habe doch im Leben nie Gutes getan!" Sag ich: Ja, lieber Freund, jetzt sprechen Sie die Wahrheit. Sie sind zur Wahrheit übergegangen. In der Lüge groß geworden, zur Wahrheit übergegangen. Sie sind zur Selbsterkenntnis gekommen.

Einen Fehler begehen und sich nicht bessern, das erst heißt einen Fehler begehen.

Je größer der Verlust an Energien ist, desto länger oder öfter bedarf es einer Wiederaufladung, bis der Körper so viel an Energien aufweist, dass er wieder einsatzfähig ist.

Jeder dieser abgebauten Körper weist einen großen Energiemangel auf. Hier ist es sehr notwendig, der Menschheit anhand von Gleichnissen klarzumachen, dass die Energien für alle Lebewesen vorhanden sind und auch das Notwendigste sind, um existieren, besser gesagt leben zu können.

Der Körper ist im Ganzen gesehen nur dann widerstandsfähig, wenn die Widerstände im Körper selbst ihre vollen Energien besitzen.

Es wiederholt sich ja auch im Leben, so dass Sie immer Ihres Körpers bedacht sind, dass Sie immer dafür sorgen und dass Sie heute wissen, dass er, der Körper, nicht nur durch Essen und Trinken besteht, sondern er braucht auch die geistige, die göttliche Kraft, er braucht Energien, die Gott für Sie, für Ihren Körper bestimmt hat.

Ich möchte damit nur sagen, dass man nicht alles, was einem unerklärlich erscheint, als Aberglauben, Scharlatanerie, Wunderheilung, Suggestion, Hypnose usw. bezeichnen darf, sondern dass man im Laufe der Zeit eine Erklärung für solche Vorgänge finden wird und erkennt, welchen Ursprungs sie sind.

Es muss in aller Deutlichkeit gesagt werden, dass die Lehre Grönings für die gesamte Wissenschaft von unschätzbarer Bedeutung ist.

Meine Lehre ist die wirkliche Lehre, die nicht nur Menschen zu empfehlen, sondern für die so genannte exakte Wissenschaft von so großer Wichtigkeit ist, dass sie in späterer Zeit diesen Weg einschlagen wird, um von sich aus der ganzen Menschheit all das zukommen lassen zu können, was wirklich, vor allem in der heutigen Zeit, für jeden Lebenden insofern wichtig ist, da der Mensch all das wieder in sich aufnehmen kann, was Gott für ihn bestimmt hat.

Ich bin nicht stolz, ich bin der kleine, einfache Mann. Ich will keinen Titel haben, wie man ihn mir schon von Seiten der Regierung angeboten hat, nein, ich will keinen Titel, ich will nur Menschen helfen, Menschen heilen.

Die Verbindung kann man nur aufrechterhalten durch Taten. Nur Taten sprechen lassen, nicht die leeren Worte.

Was tut der Mensch in Wirklichkeit? Setzt er das alles in die Tat um, so wie er sich herausstellt, als ein wirklich gut gottgläubiger Mensch? Tut er wirklich all das, was er zu tun hat, was er tun müsste, um ein Gottliebender zu sein? Ja, meine lieben Freunde, dazu gehört mehr, viel, viel mehr!

Ich weiß, ich bin als der größte Verbrecher hingestellt (...), aber das macht nichts. Ich gebe mein Leben, damit die Menschheit leben kann, und will nichts unversucht lassen, das der Menschheit mit auf den Weg zu geben, dass sie leben kann. Ich fühle mich verpflichtet, den Menschen aufzuklären.

Ich stehe vor den Menschen nur wie ein Wegweiser, der Ihnen den Weg wieder weist, ihnen den Weg wieder zeigt, den sie seit Jahrtausenden so nach und nach verlassen haben. Dieser Weg ist der wahre, göttliche Weg.

Gehen Sie den Weg, wie er Ihnen von Gott (...) bestimmt ist!

Je mehr Sie des Guten aufnehmen, desto wohler werden Sie sich fühlen, desto eher wird die Ordnung in Ihrem Körper zustande kommen.

Der Mensch weiß gar nichts von all dem, auch von dem nichts, was seine Geburt, sein Hiersein, sein Erdenleben für ihn bedeutet, dass Gott ihm Bestimmtes mit auf den Weg gegeben hat, was er hier zu tun, zu lassen hat, was hierin seine Aufgabe, die wichtigste

Aufgabe, diese seine Lebensaufgabe ist! All das ist den Menschen, der Menschheit, schon gar nicht mehr bewusst.

Wir müssen uns von allem Bösen lösen, und wir müssen wirklich alles Gute erst mal für uns tun, jeder für sich, damit er diese guten Erfahrungen sammelt, an sich sammelt und auch in sich sammelt.

Und so Sie jetzt richtig folgen – und dass Sie nichts verlangen, sondern wirklich all das erlangen, was für Sie bestimmt ist –, dann werden Sie viel Gutes an sich selbst, viel Gutes an Ihrem eigenen Körper, auch viel Gutes an dem Körper Ihres Nächsten erfahren! Glauben Sie nur!

So wie Sie hier diesen Strom, diese Heilwelle erhalten haben, genauso erhalten Sie sie, gleich wo Sie gehen, gleich wo Sie stehen, gleich wo auf dieser Erde.

Ich wünsche Ihnen alles Liebe, Gute, das Göttliche, und nicht nur Ihnen alleine, sondern auch all denen, die zu Ihnen gehören, die Sie Ihre Nächsten nennen, und auch denen, für die Sie einen Herzenswunsch haben und für die Sie glauben, dass auch sie das Gute in ihrem Körper wieder zurückerlangen werden.

SCHLUSSWORT

Warum haben die Menschen das Gute nicht beherzigt, warum haben Sie es nicht in sich aufgenommen? Warum haben Sie nie all das getan, erst mal, was Sie sich selbst schuldig sind? Und daran hat es gehapert, und nun ist es wichtig, dass Sie wirklich, wirklich und ehrlich dazu übergehen, dass Sie das Versäumte nachholen, indem Sie jetzt das tun, immer das tun, was Sie sich selbst schuldig sind, und dass Sie wirklich diesem Ihrem Körper, der doch ein göttliches Geschenk ist, Beachtung schenken und dass Sie sich wirklich öffnen, wirklich dem Guten, wirklich Gott hingeben und dass Sie diese wahre, göttliche Sendung in sich aufnehmen und dass Sie alles Gute wirklich beherzigen!

Bruno Gröning

Buchempfehlungen

Bruno Gröning

Ich gebe Ihnen eine kleine Lebensweisheit

Thomas Eich (Hrsg.)

Band 1

ISBN 3–933344–48–4

Bruno Gröning

Ich gebe Ihnen eine kleine Lebensweisheit

Thomas Eich (Hrsg.)

Band 3

ISBN 3–933344–50–6

Bruno Gröning

Ich gebe Ihnen zu wissen

Die Lehre Bruno Grönings

Thomas Eich (Hrsg.)

(lieferbar ab Frühjahr 2006)

Hier ist die Wahrheit an und um Bruno Gröning

Grete Häusler

ISBN 3–9801302–0–7

Bruno Gröning

Ich lebe, damit die Menschheit wird weiterleben können

Grete Häusler / Thomas Eich

7. völlig neu bearbeitete Auflage 2005

ISBN 3-933344-39-5

Das Wirken Bruno Grönings zu seinen Lebzeiten und heute
Thomas Eich

ISBN 3–927685–43–7

Revolution in der Medizin
Rehabilitation eines Verkannten
Matthias Kamp

ISBN 3–927685–20–8